KB194446

알려지지 않은 직업,
**교회 관리직**

# 알려지지 않은 직업, 교회 관리직

발행일    2020년 10월 23일

지은이    이용신
펴낸이    손형국
펴낸곳    (주)북랩
편집인    선일영                    편집   정두철, 최승헌, 윤성아, 이예지, 최예원
디자인    이현수, 김민하, 한수희, 김윤주, 허지혜   제작   박기성, 황동현, 구성우, 권태련
마케팅    김회란, 박진관, 장은별
출판등록  2004. 12. 1(제2012-000051호)
주소      서울특별시 금천구 가산디지털 1로 168, 우림라이온스밸리 B동 B113~114호, C동 B101호
홈페이지   www.book.co.kr
전화번호   (02)2026-5777              팩스   (02)2026-5747

ISBN     979-11-6539-427-1 03230 (종이책)    979-11-6539-428-8 05230 (전자책)

이 도서의 국립중앙도서관 출판예정도서목록(CIP)은 서지정보유통지원시스템 홈페이지(http://seoji.nl.go.kr)와
국가자료공동목록시스템(http://www.nl.go.kr/kolisnet)에서 이용하실 수 있습니다.
(CIP제어번호: CIP2020043535)

---

**(주)북랩** 성공출판의 파트너

북랩 홈페이지와 패밀리 사이트에서 다양한 출판 솔루션을 만나 보세요!

**홈페이지** book.co.kr    •    **블로그** blog.naver.com/essaybook    •    **출판문의** book@book.co.kr

새 로 운   직 업   탐 구

# 알려지지 않은 직업,
## 교회 관리직

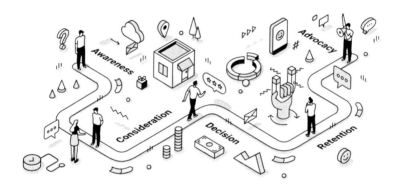

이용신 지음

북랩 book Lab

# 글을 시작하며

필자가 이 책을 쓰게 된 계기는 이러하다. 그간 개신교(교회) 건물 관리자 관련 자료가 전무하던 터에 이 새로운 직업군에 대한 정보를 안내하고 종교 시설(교회) 분야에 직원으로 채용된 이후의 일상을 서술할 필요를 느꼈다. 교회 관리 직원이라는 생소한 직업에 대한 장점과 혜택 자격 조건을 망라하고 일부이긴 하지만 관리 운영 지침도 기록하여 이 분야에 관심이 있는 분들에게 도움이 되고자 이 글을 기록하였다. 안정적이고 최장 65세까지 정년 보장이 가능한 직업, 새로운 실무 경험을 토대로 그 내용을 기록

하여 취업 후 효율적인 업무에 도움이 되는 내용도
함께 정리해 보았다.

# 차 례

# 01

교회 관리 직원으로
근무 시 혜택

첫 번째, 사택을 제공받는다.

교회 관리직은 업무의 특성상 새벽 기도와 수요 예
배, 금요 예배에 이르기까지 업무의 효율적인 진행을
위해서 대개 교회 측으로부터 사택을 제공받는다.

주변에 근무하는 교회 관리자들의 주거 환경을 보
면 다양한 형태이다. 필자는 단독 주택과 빌라 두
곳을 교회에서 제공받아서 생활한 경험이 있다. 가
족 구성원 수에 따라 교회 측에서 배려해 주기도 하
고, 대부분 교회에서 보유한 부동산을 제공받아서
생활한다. 때로 여건이 맞지 않더라도 해당 교회에
서 관리 직원으로 일하기로 최종적으로 결정되면 면
접 시 교회 측에 요청하면 여건에 따라서 가족 상황

에 맞게 사택을 제공받기도 한다.

필자가 첫 번째로 근무했던 교회에서는 인근에 교회 소유의 단독 주택이 있어서 방 세 칸과 거실 앞마당이 있는 사택을 제공받았다. 가족이 거주하는 데 불편함이 없었고 마당에 작은 화단이 있어서 사계절이 변하는 모습을 직접 느낄 수 있다는 장점이 있었다.

서울 시내 부동산 시세를 생각하면 일반 직장 근로자와는 차별화된 혜택이고 이를 잘 활용하면 금전적으로 많은 이득을 볼 수 있다. 다만 이곳에서는 수도·광열비(전기세+수도세+도시 가스요금)는 지원하지 않았고 필자의 급여에서 납부하는 시스템이었다.

교육비는 중·고·대학생(대학원 포함) 학비 50%를 지원받았다.

두 번째로 근무했던 교회에서는 필자의 4인 가족을 감안하여 인근에 다세대 주택을 임대하여 지원해 주었고, 월세와 수도·광열비는 교회에서 전액 지원해 주었다. 교육비는 장학생 선발 과정을 통해 학기당 100만 원의 지원이 있었다.

세 번째로 근무했던 교회는 교회 소유 빌라 단지로 사택을 제공해 주었다. 기존 건물은 15평에 방이 2칸이어서 외부 신축 건물에 방 3칸짜리 빌라를 제공해 주었고 수도·광열비 전액 지원 및 교육비는 중·고·대학생(대학원 포함)의 학비를 50% 지원해 주었다.

두 번째 혜택은 앞서 첫 번째 항목과 연계하여 설명했던 수도·광열비 지원이다.

세 번째 혜택 역시 앞서 설명했던 자녀 교육비, 즉 중·고·대학생(대학원 포함) 학비 50% 지원이다.

첨언하여 세 번째로 근무했던 교회에 부임하여 선임자에게 인수인계를 받았을 때 있었던 일을 소개하고자 한다.

지방에서 올라온 박 집사는 슬하에 남매를 두었는데, 아들이 서울에 있는 신학 대학에 입학하게 되어 지방에서 개인택시를 운영하다가 자녀의 뒷바라지를 위해서 서울로 상경을 결심하게 되었다. 직업과 주택을 해결할 수 있는 직종을 찾다 보니 교회 관리 직원이 되면 주택과 직장 두 가지를 동시에 해결할 수 있어서 직원으로 취업하게 되었다고 한다.

이후 신학 대학 4년, 대학원 3년 동안 자녀의 뒷바라지를 하게 되었고 서울에서 자녀의 결혼식도 치르게 되었다. 대학교와 대학원 학비가 만만치 않았는데 교회에서 매 학기 50%의 학비를 지원해 준 덕분에 부담을 줄일 수 있었고 무사히 목회자로 기르게 되었다.

보통 일반인들이 요즘 같은 녹록지 않은 환경에서 자녀 두 사람을 대학원까지 졸업시키려면 많이 부담되었을 텐데, 박 집사는 지방에서 서울로 상경하여 주택 문제도 해결하고 자녀의 학비, 결혼까지 무사히 마치고 내가 인계인수를 받을 때는 본인은 고향으로 귀향하는 그러한 사례였다.

이렇듯 요즘처럼 정년도 짧고 직장인 수명도 길지 않은 시대에 주거와 직장 문제를 안정적으로 해결할 수 있고 자녀 교육비 혜택까지 받는다는 측면에서 교회 관리직은 직업상의 큰 장점이 있다.

# 02

교회 관리 직원으로
근무하기 위한 기본 조건

첫 번째, 술·담배를 금해야 한다.

교회 직원으로 생활하다 보면 매일 혹은 일주일에 한 번씩 목사님들과 회의를 하게 되고 성도들과도 접촉하게 된다. 그런데 기독교의 기본 교리 중에 술·담배 금지에 관련된 항목이 있어서 술·담배를 하는 사람이라면 교인들이 교회 측에 건의하는 경우가 잦다. 그로 인해 스트레스를 받는 일이 생기는 것을 감안해 보면 아예 술·담배를 처음부터 하지 않는 것이 좋다.

두 번째, 성실해야 한다.

교회 관리 직원은 새벽에 가장 먼저 일어나서 성도들이 새벽 기도에 참여할 수 있도록 교회 문을 열고 예배실의 조명과 음향 장비를 켜고 최적의 조건을 유지해야 하는 업무가 있다. 그 때문에 성실하고 부지런해야 한다. 일반적으로는 주중 수요일 오후 7시 30분에 수요 예배가 있고 금요일 오후 9시부터는 심야 예배가 있다. 봄, 가을은 괜찮지만, 여름, 겨울에는 냉난방을 준비하고 마이크 음향 상태를 점검해야 한다. 예배가 끝난 후에는 역순으로 음향기기, 조명 그리고 성도들이 예배를 마치고 귀가한 이후에는 문단속도 해야 한다. 즉, 교회에서 가장 먼저 일을 시작하고 가장 늦게 일을 끝내야 하는 성실함과 부지런함을 동시에 동반으로 갖추고 있어야 한다.

세 번째, 건강한 신체를 유지해야 한다.

교회 관리 직원으로서 업무를 수행하기 위해서는 많은 시간을 업무에 할애해야 하고 신체적으로도 건강해야 한다. 그래서 늘 건강에 유의해야 하고 또 실제로도 건강해야만 일할 수 있다. 일례로 필자가 근무했던 교회 중 5,000평 정도 되는 교회가 있었는데, 혼자서 일주일 동안 구역을 나눠서 청소해야 했다. 이런 경우 기본적으로 늘 건강하게 체력을 관리하려고 노력해야만 큰 무리 없이 업무를 진행할 수 있었다.

네 번째, 가정이 있는 기혼자여야 한다.

교회 면접 시에는 균형적인 부분이라든지 여러 가지 사항들을 많이 본다. 미혼자의 경우, 이성적인 문제의 관점에서도 고려해야 할 사항들이 있기 때문인지 면접을 볼 때도 불리한 점이 있는 편이다. 실제로 필자의 주변을 보더라도 기혼자가 아닌 분이 교회 관리 직원으로 근무한 경우는 본 적이 없다.

다섯 번째, 교회마다 좀 다른 부분이 있기는 하지만, 부부 두 사람이 동시에 공동으로 취업하는 것을 원하는 교회들도 있다. 부부가 취업하면 수익이 늘어나는 부분도 있지만, 개인마다 생각이 다르므로 본인과 배우자가 원하는 경우에만 취업 조건을 검토하여 지원하면 되겠다.

# 연령 및 정년에 관하여

**03**

필자는 서울 소재 세 곳의 교회에서 관리직으로 근무했다. 지원할 수 있는 나이는 특별히 제한이 있는 건 아니지만, 보통 40대 남성이 지원하는 경우가 많다. 그런데 필자가 면접을 봤을 때 60대가 주류를 이루는 경우도 목격하였다. 평균적으로 40대 초반보다는 중후반 정도의 나이에 시작하는 경우가 많고 경우에 따라서는 60대에 시작하시는 분들도 있다. 다만 필자의 경험으로 봐서는 40대 중반 정도가 적정하게 지원할 수 있는 연령대라고 생각한다. 필자는 개인적으로 처음 교회 관리직 일을 시작했을 때 많은 사람과 접촉해야 하는 부분이나 또 각기 다양한 사람들과의 관계에서 생기는 문제들이 가장 힘들지 않을까 생각했다. 또 실제로 그런 부분들이 많은 비중을 차지했다. 그래서 지나고 보니 40대 중반 정도의 나이가 적당하지 않을까 생각하게 되었다.

그러면 교회 관리직의 정년은 어떻게 될까.

바로 앞에서 언급한 것처럼 필자는 서울 시내에서 3곳의 중형 교회에서 근무했다. 첫 번째로 근무했던 곳은 65세가 정년이었다. 두 번째로 근무했던 곳은 58세가 정년이고 세 번째로 근무했던 곳은 65세가 정년이었다. 그래서 큰돈을 받는 직업은 아니지만, 주택을 제공받고 일정 부분의 연봉이 보장되는 선에서 본다면 일반적인 사회의 평균 직업군보다는 정년이 길다고 볼 수 있다. 또한, 일반적인 직업의 경우 조기 퇴직이 많은 분위기라 이 부분은 더욱 부각되는 장점이라 할 수 있다.

또한, 정년 이후에도 근무할 수 있다.

위에서 나열한 정년 이후에도 본인이 건강하다면 기도원이나 수양관에서 근무할 수 있다. 필자가 첫 번째로 근무했던 교회는 강원도에서도 따로 기도원을 운영하고 있었다. 세 번째로 근무했던 교회도 경기도 가평에서 큰 기도원을 운영하고 있었기 때문에 정년인 65세 이후에도 여러 조건이 맞고 또 그 근무자에게 필요한 부분이 있다면 추가로 근무할 수 있다는 장점이 있다. 기도원이나 수양관 같은 경우에는 여름이나 겨울에 교회에서 수련회를 진행할 때 필요한 부분을 지원하는 업무를 하고 수련회나 행사가 없을 때는 미화, 조경 부분 관리 업무를 맡는다. 특별히 어려운 부분이 없는 일이라 대개 정년 이후에도 근무할 수 있다.

# 04

교회 관리 직원으로
근무 시 필요한 자격증

교회에서 관리 직원 채용할 때 요구하는 조건은 다양하다. 소규모 교회에서는 필요해서 채용하는 경우도 있겠지만, 대부분 중형 교회 정도의 규모에서는 필요한 자격이 있고 그 자격을 충족하는 선에서 채용하기 때문에 기본적인 자격 조건을 갖추어야 한다. 구직자 입장에서도 면접 시 그런 부분들로 경쟁이 이루어지는 경우가 많다. 즉, 경력이나 숙련도 부분을 감안하여 채용되는 경우가 있으므로 기본적인 자격 조건이 어떻게 되는지 한번 설명해 보고자 한다.

첫 번째, 소방 자격증이다(2급, 1급).
예를 들어서, 교회의 크기가 5,000평 미만 같은 경우는 2급 소방관리 자격증이 필요하고 5,000평 이상

인 경우에는 1급 소방관리 자격증이 있어야 한다. 소
방관리 자격증 취득은 다음과 같은 과정을 통해서
이루어진다. '한국소방안전원' 기관에서 교육 이수
후 자격시험을 치른다. 여기서 합격하면 자격증을
취득할 수 있다. 포털 사이트 검색창에서 '소방안전
원'을 입력하면 다음의 그림과 같은 주소가 나온다.

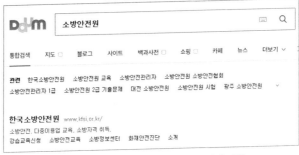

[그림 1-포털 사이트 검색창에서 '소방안전원' 입력]

좀 더 세부적으로 들어가 보자. '한국소방안전원'
에서는 한 달에 한 번씩 자격증 시험을 실시한다.

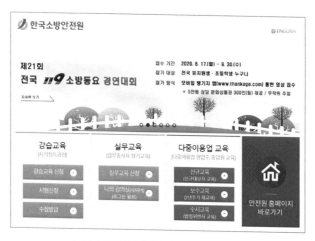

[그림 2-한국소방안전원 사이트 접속 시 화면]

해당 사이트에서 '강습교육 신청'란을 클릭하면 다
음과 같은 창이 출력된다. 이 중에서 가장 많이 통
용되는 '2급 소방안전관리자'를 클릭하면 '교육 일정'
을 확인할 수 있다. 이를 참고해서 자격시험을 준비
하면 된다.

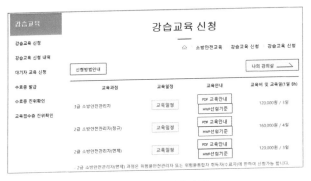

[그림 3-강습교육 신청 화면]

　　2급에 준하는 건축물 면적 5천 평 미만 2급 소방
안전관리자는 교육비 16만 원 및 4일이라는 시일 동
안 교육을 받고 시험을 치른다. 따라서 평일에 일주
일가량의 시간을 할애해야 하는 부분이 있어서 이런
과정들을 준비하는 분들이 있다면 그런 부분을 파
악해서 준비해야 한다. 또, 1급 소방안전관리자는 교
육비 20만 원 및 5일이라는 시일 동안 교육을 받은
후 시험을 치르게 되어 있다. 교회뿐만 아니라 모든
상업용 건축물에서는 소방안전자격증을 필요로 한

다. 특히 해당 사항은 교회 건물 관리에 관심이 있는 분들에게는 법에서 정한 요건이므로 갖추는 것이 좋다. 교회 입장에서는 이런 자격을 갖춘 분을 채용하면 관련 업체와 라이선스 계약을 하지 않고 일정 부분 자격 비용이 발생하지 않는 측면이 있어서 선호한다. 그러므로 소방안전관리자격 2급 혹은 1급을 갖추는 것이 필요하다. 기타 자세한 부분은 소방안전원 인터넷 홈페이지 문의나 유선으로 연락하여 직접 문의하면 된다.

[그림 4-강습교육 신청 화면]

두 번째, 가스안전관리 자격증이다.

가스안전관리 자격증이 필요한 이유는 다음과 같다. 일정 규모 이상의 건물은 냉난방이 필요하고 이 때문에 고압도시가스 관리에 필요한 자격증을 취득한 자가 법적으로 선임되어야 한다. 자격을 취득하는 데는 여러 방법이 있는데 필자의 경험에 따르면 한국가스안전공사에서 주관하는 교육과 시험 일정이 자격증을 취득하는 데 유리한 부분이 많다.

포털 사이트 검색창에 '한국가스안전공사'를 입력
하면 다음과 같은 주소창이 나온다.

[그림 5-포털 사이트 검색창에서 '한국가스안전공사 가스안전교육원' 입력]

한국가스안전공사 가스안전교육원 주소를 클릭
한다.

[그림 6-한국가스안전공사 가스안전교육원 사이트 접속 시 화면]

그림과 같은 창이 나오면 '가스안전교육 전체조회'
를 클릭한다.

[그림 7-가스안전교육원 전체조회란 구성 화면]

　양성교육(자격과정), 사용시설안전관리자의 온라인, 오프라인 교육 일정이 가장 최근순으로 기록되어 있다.

　오프라인 교육은 충청남도 천안시 소재의 교육원에 입소하여 4박 5일 30시간 동안 교육을 받아야 한다. 교육비는 298,000원, 숙식비는 별도 본인 부담이다. 교육 종료 후 시험 합격 여부에 따라 자격이 주어진다.

온라인 교육은 가스안전교육원 홈페이지에서 온라인 교육 신청 후에 30시간 동안 온라인 교육을 이수한 후 충청남도 천안시 교육원에 1박 2일 동안 입소하여 실습 시간 이수 후 시험 합격 여부에 따라 자격이 주어진다.

그 외의 '사용시설안전관리자' 선임 가능 자격은 산업인력공단에서 발행하는 '가스기능사', '가스산업기사', '가스기사', '가스기능장', '가스기술사'를 선임할 수 있다.

참고로 관련 법령을 첨부한다.

**가스안전관리자의 선임의무**

**본문**

◎ 선임신고 등

- 특정가스 사용시설의 사용자는 다음 중 어느 하나에 해당하는 경우 지체 없이 산업통상자원부장관, 시·도지사 또는 시장·군수·구청장에게 신고해야 합니다(규제「도시가스사업법」 제29조제2항 본문).
  › 안전관리자를 선임하거나 해임한 경우
  › 안전관리자가 퇴직한 경우
- 특정가스 사용시설의 사용자는 안전관리자가 해임되거나 퇴직한 날부터 30일 이내에 다른 안전관리자를 선임해야 합니다(규제「도시가스사업법」 제29조제2항 본문).
- 다만, 그 기간 내에 선임할 수 없는 경우에는 산업통상자원부장관, 시·도지사 또는 시장·군수·구청장의 승인을 받아 그 기간을 연장할 수 있습니다(규제「도시가스사업법」 제29조제2항 단서).

◎ 위반 시 제재

- 특정가스 사용시설의 사용자가 다음 중 어느 하나에 해당하는 경우에는 1천만원 이하의 벌금에 처해집니다(「도시가스사업법」 제53조제5호 및 제6호).
  › 안전관리자를 선임하지 않은 경우
  › 안전관리자의 선임·해임·퇴직으로 인한 신고를 하지 않은 경우

[그림 8-가스안전관리자 선임의무 화면]

세 번째, 에너지 관리(보일러) 선임 자격이다.

도시가스고압 '사용시설안전관리'와 함께 동계 난방을 위한 에너지관리 선임 기준이 있다. 관계 법령은 다음과 같다.

**보일러 조종자의 선임 및 사고 통보의무**

본문

**보일러 관리자의 선임의무**  ✏ ★

◎ 선임의무
- 보일러 설치자는 보일러의 안전관리, 위해방지 및 에너지이용의 효율을 관리하기 위하여 보일러 관리자를 선임해야 합니다(규제「에너지이용 합리화법」제40조제1항).

◎ 선임기준
- 보일러 설치자는 1구역마다 1명 이상 보일러 관리자를 선임해야 합니다(규제「에너지이용 합리화법 시행규칙」제31조의27제1항).
- 1구역은 보일러 관리자가 한 시야로 볼 수 있는 범위 또는 중앙통제·관리설비를 갖추어 보일러 관리자 1명이 통제·조종할 수 있는 범위를 말합니다(규제「에너지이용 합리화법 시행규칙」제31조의27제2항 본문).

◎ 위반 시 제재
- 보일러 관리자를 선임하지 않은 보일러 설치자는 1천만원 이하의 벌금에 처해집니다(「에너지이용 합리화법」제75조).

[그림 9-보일러 조종자의 선임 및 사고 통보의무 1]

 

법령에서 정한 사용 범위 내 보일러 시설물에 대해서는 '검사대상기기' 법에서 정한 선임과 함께 연 1회 안전검사를 받게 된다.

## 보일러 조종자의 선임 및 사고 통보의무

본문

- 보일러 설치자는 다음 중 어느 하나에 해당하는 경우에는 신고 사유가 발생한 날부터 30일 이내에 이를 한국에너지공단에 신고해야 합니다(규제「에너지이용 합리화법」 제40조제3항 및 규제「에너지이용 합리화법 시행규칙」 제31조의2제8제1항 본문).
    - › 보일러 관리자를 선임하거나 해임한 경우
    - › 보일러 관리자가 퇴직한 경우
- ❷ 보일러 관리자의 재선임
    - 보일러 설치자는 보일러 관리자를 해임하거나 보일러 관리자가 퇴직하는 경우에는 해임이나 퇴직 이전에 다른 보일러 관리자를 선임해야 합니다(규제「에너지이용 합리화법」 제40조제4항 본문).
    - 다만, 다음 중 어느 하나에 해당하는 사유가 있는 경우에는 특별시장·광역시장·도지사 또는 특별자치도지사·(이하 "시도지사"라 한다)의 승인을 받아 다른 보일러 관리자의 선임을 연기할 수 있습니다(규제「에너지이용 합리화법」 제40조제4항 단서 및 규제「에너지이용 합리화법 시행규칙」 제31조의2제8제3항).
        - › 보일러 관리자가 천재지변 등 불의의 사고로 업무를 수행할 수 없게 되어 해임 또는 퇴직한 경우
        - › 보일러 관리자가 선임을 위하여 필요한 조치를 하였으나 선임하지 못한 경우

[그림 10-보일러 조종자의 선임 및 사고 통보의무 2]

해당 교회 건물에 검사 대상 보일러가 있다면 법에
서 정한 선임 자격이 있어야 한다.

에너지이용합리화법 시행규칙

[별표 3의9] <개정 2018. 7. 23.>

[보일러]검사대상기기관리자의 자격 및 조종범위(제31조의26제1항 관련)

| 관리자의 자격 | 관리범위 |
|---|---|
| 에너지관리기능장 또는 에너지관리기사 | 용량이 30t/h를 초과하는 보일러 |
| 에너지관리기능장, 에너지관리기사 또는 에너지관리산업기사 | 용량이 10t/h를 초과하고 30t/h 이하인 보일러 |
| 에너지관리기능장, 에너지관리기사, 에너지관리산업기사 또는 에너지관리기능사 | 용량이 10t/h 이하인 보일러 |
| 에너지관리기능장, 에너지관리기사, 에너지관리산업기사, 에너지관리기능사 또는 인정검사대상기기관리자의 교육을 이수한 자 | 1. 증기보일러로서 최고사용압력이 1㎫ 이하이고 전열면적이 10㎡ 이하인 것 2. 온수발생 및 열매체를 가열하는 보일러로서 용량이 581.5킬로와트 이하인 것 3. 압력용기 |

[그림 11-에너지이용합리화법 시행 규칙]

산업인력공단에서 관련 자격증을 취득해야만 안전검사대상기기조정자 자격증으로 인정받을 수 있다. 필자의 취득 과정을 예시로 설명한다.

포털 사이트 검색창에 '한국에너지 기술인협회'를 입력한다.

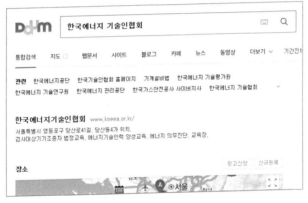

[그림 12-포털 사이트 검색창에서 '한국에너지 기술인협회' 입력]

홈페이지를 클릭하면 다음과 같은 화면이 나온다.

[그림 13-한국에너지 기술인협회 사이트 접속 시 화면]

'교육 정보'를 클릭하면 '양성교육'란이 나온다. 여기서 교육 일정을 참고한다.

[그림 14-한국에너지 기술인협회 양성교육 일정 안내]

교육 일정을 참고하여 3일(20시간) 동안 교육을 이수한 후 시험 합격 여부에 따라서 자격증을 취득할 수 있다.

조종범위는 다음과 같다.

네 번째, 운전면허증이다.

자동차 운전면허증은 다음과 같은 이유로 필요하다. 대부분의 교회는 12인승 스타렉스 차량을 운용한다. 차량 소유가 많은 경우에는 운전기사를 채용해서 관리하기도 하지만 특별한 경우를 제외하고는 대부분 관리 직원이 차량을 운용하고 관리하는 경우가 많다. 필자의 경우 첫 번째로 근무했던 곳에서는 대형 버스 2대가 있었고 또 12인승 차량이 5대, 승용차도 3대나 있었기 때문에 별도로 차량을 관리하는 운전기사가 있었다. 교회의 크고 작은 행사 때는 차량 운행이 많았다. 그렇기에 관리 직원 또한 기본적으로 1종 보통 운전면허 정도는 갖추고 있어야 한다. 필자는 대형 운전면허증도 보유하고 있어서 취업 시 많이 유리하게 작용했다. 그간 실제로 필자가 근무했던 교회들을 보면 첫 번째로 근무했던 곳이 버스 2대, 12인승 5대, 승용차 3대가 있었고, 두 번째로 근무했던 곳에서는 12인승 차량이 3대가 있었다. 세 번째로 근무했던 곳에서는 12인승 차량 8대, 승용차 1대, 버스 3대가 있었기 때문에 운전면허가 필수였다. 그리고 교회 관리직은 최소한 1종 보통과 12인승 차량을 운행할 수 있어야 한다.

그 외에도 준비해 두면 유리한 기술 자격증은 다음과 같다.

① 전기기능사

중형 교회를 기준으로, 대부분의 교회에는 변전실이 있다. 전기 설비는 1급 전기안전관리 대상이어서 보통은 해당 외부기관과 계약을 맺고 관리하지만, 취업 시 경쟁자들과의 변별력 보유, 취업 우선순위와 전기설비 이해를 위해서도 취득해 두면 유익한 자격증이다.

② 승강기기능사

승강기는 법정 관리 대상이어서 대부분 24시 운영 기관에 위탁 관리한다. 그러나 교회 관리직으로서 관련 자격을 취득하면 교육 과정에서 관련 지식과 기술 습득으로 비상시 위험 대처 부분에서 유리한 부분이 있다. 또한, 여러 가지로 유리하게 적용할 수 있는 자격증으로 볼 수 있다.

③ 냉동공조기능사

필자가 근무했던 교회 건물 3곳 모두 냉온공조기

가 설비되어 냉난방을 공조기로 운영하였다. 법정선임대상은 아니지만, 신축이나 규모가 있는 건물들은 공조기로 설비가 되어 있기에 효과적인 운영 측면에서 해당 자격증을 취득하면 가산점을 받을 수 있다.

이상의 항목들을 통해 필자가 내린 자격 관련 결론은 다음과 같다.

상기한 관련 자격증이 없어도 교회 방침에 따라서 취업할 수 있다. 즉, 지원자의 인성이나 인품, 확고한 자세만으로도 취업이 가능한 교회도 있다. 그리고 교회에서 경비를 지원하고 자격증을 취득하게 하는 경우도 있고 법정선임 조건을 외부 기관에 계약해서 유지하는 경우도 있다. 그렇지만 필자의 경험에 따르면 적어도 '2급 소방안전관리', '가스안전관리자격증' 정도는 취득해 두는 것이 면접 시에 유리하다고 본다. 되도록 1~2년 정도의 시간적 여유를 갖고 준비하면 좋은 결과가 있을 것이다.

전문 구인 자료 활용하기

교회 관리직으로 취업 시에는 인터넷 포털 사이트에서 구인 광고란을 참조하는 경우가 대부분이다. 가장 많은 정보를 보유한 곳으로는 '갓피플'이라는 사이트가 있다. 기독교계에 올라오는 구인 광고를 매일 업데이트해서 정보가 필요한 사람에게 무료로 올려놓는 대표적인 사이트이다.

포털 사이트에서 '갓피플 취업'을 입력하면 다음과
같은 화면이 나온다.

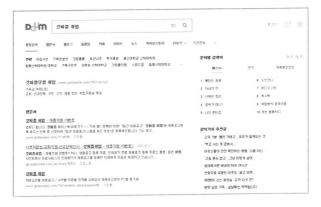

[그림 16-포털 사이트 검색창에서 '갓피플 취업' 입력]

해당 사이트를 클릭하면 홈페이지 창이 나온다.

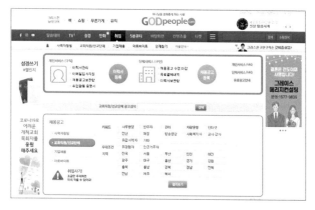

[그림 17-갓피플 취업 사이트 접속 시 화면]

메뉴 창에서 '취업' 클릭 후 조건 검색창에 '관리', '근무 지역'을 체크하고 '결과 보기'를 클릭하면 원하는 정보가 나온다.

[그림 18-갓피플 취업 사이트 검색 예시]

또한, 장로교 '합동' 총신대학교 사이트에서 찾아보는 방법도 알려드리고자 한다. 포털 검색창에서 '총신대학교'를 입력하고 검색하면 다음과 같은 화면이 나온다.

[그림 19-포털 사이트 검색창에서 '총신대학교' 입력]

해당 페이지에서 총신대학교 사이트 홈페이지에 접속 후, '총신광장'→'취업게시판'을 클릭하면 다음과 같은 화면이 나온다.

[그림 20-총신대학교 홈페이지 화면]

다음과 같이 '취업게시판'이 나온다. 여기서 마우스를 하단으로 이동하면 검색창이 나온다.

[그림 21-총신대학교 취업게시판 홈페이지 화면]

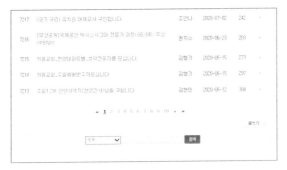

[그림 22-총신대학교 취업게시판 홈페이지 검색창 화면]

검색란에 '관리집사' 키워드를 입력하고 검색하면
관리집사 구인란만 나타난다.

[그림 23-총신대학교 취업게시판 홈페이지 관리집사 검색 결과]

통합 측 교단인 장로회신학대학 사이트에서 찾아
보는 요령도 알려드리고자 한다. 포털 사이트 검색
창에서 '장로회 신학대학교'를 입력하면 다음과 같은
내용이 나온다.

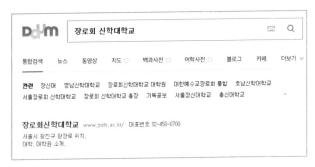

[그림 24-포털 사이트 검색창에서 '장로회 신학대학교' 입력]

장로회 신학대학교 홈페이지를 클릭한다. 홈페이지
가 나오면 우측 메뉴에 있는 '장신광장'을 클릭한다.

[그림 25-장로회 신학대학교 홈페이지 화면]

다음과 같은 메뉴가 나온다.

[그림 26-장로회 신학대학교 홈페이지 메뉴 화면]

초빙게시판을 클릭한다.

[그림 27-장로회 신학대학교 홈페이지 초빙게시판 화면]

검색창에 '관리집사' 키워드를 입력하면 관련 구인
란만 정렬되어 나온다.

교회 관리 직원 지원 면접은 일반 면접시험과 특별히 다른 것은 없다. 지원자 입장에서 조금 성의가 있는 사람이라면 해당 교회의 홈페이지를 보고 연혁이라든지 목회자의 방침, 교회에 관련된 역사 정보를 파악하고 암기해서 지원자가 해당 교회에 성의를 가지고 준비했는지를 보여 주는 정도일 거라고 생각한다. 그렇지만 그렇지 않은 경우도 있었다. 다음에 열거하는 몇 가지 면접은 경험을 기록하고 또 지원하고자 하시는 분들에게도 조금의 도움이 되었으면 하는 바람에서 기억에 남는 면접을 소개하고자 한다.

필자는 당시 근무 환경이 좋은 교회에서 근로하고 있었는데 구직 사이트에 올라온 정보를 보고 호기심으로 면접을 보게 되었다. 당시에는 모르는 환경에 관한 호기심과 안정적인 직장이 있는 상황이라 상대적으로 면접을 즐기게 되었다. 또한, 경험이 쌓이게 되니까 면접관을 내가 평가하는 여유가 생기고 기록으로도 남기게 되었다.

필자가 경험했던 좋지 않은 기억으로 남은 몇 번의 면접과 상대적으로 품위를 느낀 교회를 소개하겠다.

좋지 않은 기억으로 남은 첫 번째 교회는 다음과 같다.

서울 중구에 있는 ○○교회라는 곳에서 지원 면접을 본 적이 있다. 위임 목사와 면접을 보게 되었다. 여기서 말하는 위임은 교회에서 3년간 적응 기간을 거친 후 투표권이 있는 교인들이 투표하여 정년까지 목회 활동을 할 수 있게 정년을 보장받는 위치에 있는 목회자를 의미한다. 2017년 6월에 지원하게 되었고 약속 시각에 맞춰서 해당 교회 면접장에 도착했을 때는 많은 분이 자리에 앉아서 순서를 기다리고 있었다. 내 순서가 되어 당시 박○○ 장로라는 면접관과 황○○ 목사가 면접을 하게 되었는데 목회자의 첫 번째 질문이 다음과 같았다.

"본인이 좋아하는 성경 구절을 이야기하시오."

사실 개인적으로 정말 당황했다. 보통 관리 집사로서 지원하는 사람은 교회 생활 기간도 어느 정도 되고 신앙생활도 어느 정도 연차가 되어 교회의 생리를 잘 아는 사람들이 대부분 지원하게 되는데, 교회 관리 직원을 채용하는 자리에서 본인이 좋아하는 성경 구절을 얘기하라는 첫 질문을 들었을 때는 아무런 얘기를 못 했다. 왜냐하면 전혀 생각지도 않았던 질문이었고 필자가 준비한 내용하고도 전혀 동떨어진 질문이었기 때문이다. 위임 목사는 다음 질문은 아예 하지도 않았다. 그리고 담당 관리 장로와의 질문 시간도 있었는데, 질문이라기보다는 일종의 훈시였다.

면접관 겸 당시 관리 장로의 주된 얘기에 따르면 교회 측에서 제시하는 조건은 최악의 수준이었다. 그런데도 만약에 필자를 뽑아 주면 대단히 고맙게 생각하라는 뉘앙스의 훈시를 듣고 면접장에서 퇴실하게 되었다.

면접자들은 대부분 경력자분들이었고 또 필자 역시 나름대로 그 계통에 몸을 담고 있다 보니 서로 이런저런 얘기를 나누게 되었다. 공통 정보도 있어서 이야기가 잘 통했고 나중 일을 생각해서 서로 연락처도 주고받았는데, 당시 면접에 들어가기 전에 만났던 어떤 지원자와 연락처를 주고받다가 면접 후에 며칠이 지나고 나서 통화를 하게 되었는데 그분도 똑같은 질문을 받았다고 했다. 기본적으로 질문 내용이 같으니까 같은 질문을 했겠지만, 그분도 20년 넘게 교회 관리자로서 근무하면서 굉장히 황당한 면접이었고 면접을 진행했던 장로의 언행이 대단히 불쾌했다고 이야기했다. 필자가 해당 교회에 지원하게 된 동기는 100년이 넘는 오래된 교회이고 개인적으로 이 정도 규모의 교회는 직원들의 복리나 급여 수준이 역사가 짧은 교회보단 완성되어 있지 않을까 하는 생각에서 지원한 것이었다. 그러나 면접장에서 만났던 목사나 장로의 태도에 정말 크게 실망했다. 같이 일해 보자고 연락이 오지는 않았지만, 합격 통지가 왔어도 근무하지 않았을 것이다.

좋지 않은 기억으로 남은 두 번째 교회는 다음과 같다.

관악구 소재 ○○교회의 이 담임목사 면접 이야기를 소개하겠다. 당시 해당 교회에 지원하게 된 배경은 구인란에 정말 끊임없이 많은 광고가 올라왔고 호기심도 많이 있었기 때문이다. 도대체 어떠한 상황이 있길래 관리 직원을 채용하지 못하고 광고가 오래도록 머물러 있을까 하는 궁금증이 있어서 지원했다. 약속 시각에 맞춰서 지원 교회에 면접을 보러 가게 되었다. 처음 도착했을 때 담임목사와 자리에 앉아서 이런저런 이야기를 나누다가 면접자인 필자가 현재 다른 교회에서 근무하고 있다는 내용을 알게 되었다. 이후 면접이 시작되고 자리에 앉자마자 "현재 교회에서 근무하고 있으시지요?"라고 필자에게 물었다.

그래서 근무하고 있다고 답변했더니 담임목사의 질문이 재차 이어졌다.

"현재 연봉은 얼마나 받고 있습니까?"

그냥 월봉으로 한 250만 원 정도 받고 있다고 답변했더니 다음과 같이 말했다.

"우리 교회는 180만 원 정도밖에 해 줄 수가 없는데요."

그러더니 "집사님. 그럼 가셔야 할 것 같습니다."라고 했다.

즉, 필자와 연봉이 맞지 않는다고 하면서 자의 반, 타의 반으로 3분 만에 자리에서 일어나게 되었다.

물론 금전적인 부분도 중요하지만, 근무 여건이나 교회의 분위기 등 다른 부분을 통해서 면접관과 면접자가 서로 이견을 좁힐 수도 있는데 단지 연봉이 적다는 이유로 더 이상 면접자의 말을 들어보지도 않고 그냥 면접을 끝내는 경우를 겪어 보니 면접을 보는 필자의 입장에서는 정말 황당했다. 이런 부분들이 지금까지 해당 교회가 구인란에 계속 글을 올리게 되는 이유 중 하나인가 하는 생각을 하게 되었다.

좋지 않은 기억으로 남은 세 번째 교회는 다음과 같다.

서울 중구 남대문 쪽에 있는 ○○교회 이야기다. 당시 필자의 나이는 40대 후반이었다. 대기실에서 면접 순서를 기다리고 있는데, 같이 기다리는 분들을 보니 거의 60대 정도 되어 보이는 고령층이 많았

다. 40대 후반이면 교회 관리 집사 연령층으로 봐
서는 젊은 나이에 속하지만, 그날따라 유난히 연령
층이 높은 지원자들 사이에서 면접을 보게 되었다.
호명되어 면접실에 들어갔더니 한 열 명 정도가 앞
자리에 횡대로 앉아서 면접을 보았다. 1차 면접 때
는 다섯 명씩 앉아서 이런저런 질문을 했다. 1차 면
접이 끝나고 나서 탈락자를 호명하고 귀가를 시켰
다. 2차 면접에서는 세 명 정도로 추려서 좀 더 세부
적인 질문들이 있었고 2차로 그 탈락한 분들을 다
시 귀가시켰다. 나머지 최종 면접자 3명 남아서 심
층 면접을 한 사람씩 보게 되었는데, 15평 아파트 제
공, 또 급여는 달에 180만 원씩 지급하는 조건이었
다. 조건을 듣고 필자는 해당 면접을 고사했다. 결국
나중에 알고 보니 경력이 없는 퇴직자가 채용되었는
데 그분은 면접 때 필자의 옆에 있던 분이었다. 면접
관이 이런저런 질문을 했을 때 답변을 기억하기로는
이쪽에 대한 경력이 전무했고 다만 퇴직하고 노후에
소일거리를 찾아서 교회 관리직을 해 보겠다고 지

원하신 분이었다. 대화 중에 형광등도 한 번 교체해 본 적이 없다고 해서 조금 걱정이 되었는데 한 달도 되지 않아서 결국 그분이 사직했다는 것을 알게 되었다. 이후에도 해당 교회는 구인란에 광고를 끊임없이 올리는 것을 보게 되었다. 이 교회를 지원하게 된 동기도 당시 100년이 넘는 그런 오래된 교회이고 또 재정적으로도 건실한 교회라서 지원한 것이었다. 그러나 막상 면접장에서 실망스러운 내용들을 보니 아주 아쉬웠다.

한편으로, 다음에 소개할 면접을 봤던 교회는 차별화된 좋은 느낌을 받았던 교회들이다. 아쉽게 탈락했지만, 합격해서 근무했으면 좋았겠다는 마음이 아직까지 남아 있을 정도로 좋은 감정을 가진 교회들이다.

품위를 느꼈던 첫 번째 교회는 다음과 같다.
서울 서대문에 있는 ○○교회의 사례이다.

필자는 해당 교회에 지원하여 면접 시간에 맞춰서 대기실을 안내받고 기다리고 있었다. 교회에서는 시간 차이를 두고 면접자들의 방문 시간을 조절해 주었다. 이윽고 사무장이 대기실에 와서 전반적인 교회 안내를 해 주었다. 교회마다 근무 특성이 있는데, 이를 소상히 설명해 주고 사택과 급여 안내를 받고 면접을 좋은 분위기 속에서 마치고 귀가할 수 있었다. 면접을 마칠 때 교회에서 준비한 교통비 봉투를 전달받았기에 귀갓길에 확인해 보니 친필 감사 편지와 봉투 속에서 한지로 정성껏 감싼 현금 오만 원을 확인하였다. 경력자 세 사람을 초청했고 필자는 최종적으로 탈락했지만, 지금도 ○○교회가 생각이 난다. 실제로 근무했으면 좋겠다고 생각한 교회이다. 물론 만약 근무하게 되었다면 실제로는 어떤 변수가 있었을지 모른다. 그래도 짧은 시간이었지만, 품위를 느꼈던 교회였다. 훗날 합격자와 통화를 주고받는 과정에서도 이야기를 들어 보니 합격자의 만족도가 높았다.

품위를 느꼈던 두 번째 교회는 다음과 같다.

서울 영등포에 있는 ○○교회의 사례이다.

면접을 통보받고 약속한 시각에 맞춰서 대기실에 도착해 보니 3명의 면접자가 있었다. 같은 업종에 종사하는 사람들이다 보니 본인들이 근무하는 환경에 관한 대화가 이어졌고, 경쟁자이기도 하지만 동종업계 종사자로서 거리감을 좁힐 수 있었다.

저녁 시간에 진행된 면접이었는데 교회 측에서 저녁 식사로 김밥, 과일, 음료수 등을 풍성하게 준비해 주어서 식사도 하면서 면접 장소에서 인사위원인 장로들과 자격증, 가족관계, 현재 근무하는 교회의 규모, 현재 교회 측에서 받을 수 있는 급여와 사택 근무 조건들을 안내받았다. 귀가할 때는 담당 부목사로부터 교통비를 받고 면접을 마쳤다.

봉투에는 현금 오만 원과 함께 지원에 대한 감사 편지가 들어 있었다. 편지에는 앞으로 필자의 앞날을 축복하는 내용이 빼곡하게 적혀 있었다.

품위를 느꼈던 세 번째 교회는 다음과 같다.

서울 중구에 있는 ○○교회의 사례이다.

혜화동 아늑한 언덕 정상에 그림 같은 외관을 갖고 웨딩 촬영지와 결혼식장으로 유명한 교회였다. 수석부목사에게서 교회 전반에 관한 설명과 사택, 급여, 업무에 관한 내용을 안내받았고 면접자들의 면접 시간대가 겹치지 않게 배분하여 귀가하도록 하였다.

면접 담당 장로 또한 업무 전반에 관한 안내와 함께 진지하게 대화를 주고받았고 친절하게 예의를 갖추어 대면을 마쳤다. 그리고 교통비와 함께 축복 내용들이 적힌 감사 편지를 받았다.


## 결론

세상 사람들은 교회를 보면서 최소한의 도덕적 기준을 요구한다. 필자는 책의 서두에서도 말했듯이 개인의 경험을 기록하고 판단은 이 글을 읽는 이들이 했으면 좋겠다는 생각에서 글을 쓰고 있다. 교통비를 받고, 받지 않고는 중요하지 않다. 교회의 품위가 높다는 기준은 무엇인지, 이 글을 읽는 이들도 한 번 정도 생각하는 시간을 가졌으면 좋겠다.

07

교회 관리 집사의 일과를 소개하겠다.

필자는 서울 시내 교회 세 곳에서 근무했다. 조금의 차이는 있지만, 전체적으로 업무가 비슷했다. 편의상 근무했던 교회를 기준으로 구분해서 교회 관리 집사의 일과를 소개하도록 하겠다.

① 강북구 소재 ○○교회

매주 2,500명 정도의 성도가 출석하는 중형 교회이다. 이 교회의 업무상 특징은 경비 업무 근로자들이 있어서 관리자가 새벽 기도 때 일찍 일어나서 예배당을 개방해야 하는 일은 없었다는 점이다. 경비 근로자가 새벽에 예배당 문을 열어 주기 때문에 관리 집사가 문을 열어야 할 일은 없었다. 월요일은 휴무였고 평일 오전 9시 30분에 출근해서 오후 5시 30분에 퇴근했다. 동절기에는 오전 9시 30분에 출근해서 오후 5시에 퇴근했다. 건물 평수가 5,000평 되는 규모에 매일 2개 층을 기준으로 지하 2층, 지상 4층 규모의 층수를 청소했다. 음향기기는 담당자가 근무하고 있어서 오후 7시 30분에 시작해서 8시 30분에 끝나는 수요 예배와 금요일 오후 8시 30분에 시작해서 10시에 끝나는 금요 예배까지 관리 집사가 관여하지 않아도 되었다. 즉, 상대적으로 미화 일과 차량 운행만 가끔 지원해 주는 선에서 업무가 이루어졌다. 출근 이후의 주된 업무는 건물 관리, 전기, 미화, 크고 작은 관공서 공무, 소방 관련 소방 업무와 가스 관련 가스안전 업무, 보일러, 엘리베이터 관련 검사 등 법정 검사를 차질 없이 진행하는 업무가 주류를 이루었다.

## ② 영등포구 소재 ○○교회

성도 수가 600명 정도 되는 교회이다. 경비 업무를 하시는 분과 음향 담당자가 없어서 매일 새벽 기도를 위해 오전 3시 50분 정도에 교회 정문과 예배당을 관리자가 개방했다. 오전 5시 30분경에 새벽 예배가 끝나면 담당 부목사가 뒷정리를 하고 관리 집사는 귀가해서 수면을 취하다가 오전 9시 30분부터 출근하여 업무를 시작해서 오후 5시 30분에 업무가 끝났다.

매일 월요일에서부터 토요일까지 새벽 3시 50분에 기상해서 교회 문을 개방하는 것이 중요한 업무 중 하나였다. 그 외에는 마찬가지로 수요일 오후 7시 30분경에 이루어지는 수요 예배가 있기 전에 5시부터 하절기에는 냉방, 동절기에는 난방 기기를 가동하는 업무가 있었다. 그리고 예배 준비를 위해서 음향기기를 조작했고 수요일 예배가 끝나면 오후 8시 30분에 음향기기의 뒷정리를 하고 교회 문단속 후 퇴근하는 구조였다. 금요일 9시에 시작하는 금요일 예배도 시작 전에 하절기에는 냉방, 동절기에는 난방 기기를 1시간 30분 전에 가동해서 온도를 조절했다. 이때도 음향기기 이상 유무를 점검 및 세팅하고 이후에 10시 전후로 예배가 끝나면 음향기기와 냉난방 기기를 정지하고 문단속까지 하여 뒷정리를 했다. 해당 교회의 장점은 5일 근무제였다. 주중에 업무를 모두 마치면 토요일에는 휴식을 취하고 일요일에는 새벽 기도가 없어서 예배 준비를 한 후 뒷정리를 하고 월요일에는 휴식을 취할 수 있는 구조였다.

또한, 주일(일요일) 점심은 외부 업체에서 식사 준비를 해서 납품하고 교인들 식사 후에 식재료나 기구를 회수하는 구조여서 식재료 구입에 따른 차량 운행 같은 부수적인 업무가 없어서 상대적으로 다른 교회와는 차별화된 환경에서 근무했다.

### ③ 송파구 소재 ○○교회

○○교회는 2,500명이 출석하는 교회이다. 이곳은 사무장, 여성 사무간사, 음향 담당자가 있었고 미화

담당자가 3명 근무하고 있어서 순수하게 건물 관리 업무만 하게 되었다. 사무장이 있어서 업무 지시를 받는 부분들이 있었기에 첫 번째, 두 번째로 근무했던 교회와 조금 비교가 되었다. 새벽 음향기기 담당자는 사택을 제공받고 근무했다. 새벽 기도회 준비 과정은 음향기기 담당자가 준비해서 관리자가 특별히 할 건 없었지만, 예배에 참석해야 하는 분위기여서 새벽 예배에 참석하고 또 잠깐 휴식을 취하고 오전 9시에 출근했다. 해당 교회는 매일 교직원 회의가 있었다. 그리고 주 6일 출근 및 토요일도 오후 4시까지 근무해야 해서 육체적으로 힘들지는 않아도 시간적인 부분에서 어려움이 있었다.

근무 중 특이사항은 수요 예배가 있는 수요일 오후 4시에 퇴근해서 신도들이 예배를 드리는 오후 7시 30분에 재출근, 예배 참석 후 오후 9시경에 퇴근했고 매주 금요일도 오후 4시에 퇴근하고 오후 8시 30분에 재출근해서 금요 예배에 참석한 후 오후 10시 퇴근하는 구조였다는 점이다. 이곳은 행사들이 많아서 10대의 차량과 3대의 버스를 관리하는 기사 분이 따로 근무했다. 다만, 행사가 많은 탓에 관리 집사까지 차량 운행을 지원하는 경우가 잦았다. 또한 상반기 및 하반기에 3주씩 합계 6주 동안 치러지는 전교인 특별 새벽 기도회 때는 차량을 하나 맡아서 6주 정도 매일 새벽 기도 지원 차량 운행 및 귀가 차량 운행까지 지원하게 되어 피로도가 높았다. 그에 더해 1년에 한 번씩 전통 바자회를 준비했는데, 아주 오래전부터 준비하는 등 많은 작업을 하게 되었다. 이런 형태의 행사들이 정말 많았다. 이렇게 인력 지원을 하다 보니 부담스러웠던 부분들이 있었다.

## 결론

대부분의 교회가 관리 집사 지원자 중에 기독교인을 선호하는 이유는 다음과 같다. 수요 예배, 금요 예배, 새벽 기도, 외부 행사 지원 등은 일반 회사를 기준으로 업무 외 시간에 일하는 것이다. 또한, 차량 운행, 휴일 근무 같은 부분은 사회적인 시각으로만 판단하면 근무에 어려움이 있을 수 있다. 이럴 때 교회 업무에 경험이 없는 분들은 이해의 폭이 적기 때문에 크고 작은 문제가 생길 수도 있다.

필자가 두 번째로 근무했던 교회 같은 경우에는 일찍이 주 5일제 근무를 도입했고 또 가능하면 직원들에게 많은 편의를 제공하고 원칙을 지키다 보니 관리직으로서 근무하기 좋은 장점들이 많았다.


관리 집사는 교회에서 가장 먼저 업무를 시작해서 가장 늦게 일을 끝내야 한다. 또한, 거기에 필요한 '소방안전관리자격', '가스안전관리' 자격이나 지원자의 개인 역량에 따라서 전기, 기계, 음향기기 관리 같은 여러 가지 업무를 수행해야 하므로 다양한 업무 능력을 갖추고 있는 것이 좋다.

한편으로, 대인관계 부분에서는 많은 사람과 여러

이해관계 면에서도 모나지 않고 둥글게 유동적으로 처신해야 한다. 즉, 보기에는 단순해 보여도 크고 작은 기술적인 면이라든지 업무적인 부분이나 대인관계 같은 복합적인 문제가 있기 때문에 경우에 따라서는 개인 간의 차이가 있겠지만 힘들어하는 관리자도 있고 어렵지 않게 업무를 수행하는 관리자도 있다. 이것은 개인의 성향과도 연관되어 있기에 뭐라고 딱 단정 지어서 교회 관리직 업무가 쉽거나 어렵다고 결론을 내리기는 어려울 것 같다.

다만, 앞서 필자가 설명한 글을 읽고 본인 스스로가 얼마만큼 해당 업무를 잘 수행할 수 있을지 가늠해 보고 한번 도전해 볼 수 있도록 경험과 자료를 정리하였다.

# 08

전기 및
기계 설비 관리 방법

교회 건축물 관리는 크게 전기와 기계 설비의 두 가지 분야로 구분할 수 있다.

① 전기 안전 관리

전기는 전압 100,000v 미만, 2,000k 이상 시설의 경우에는 1급 전기안전기관과 안전 관리 용역 계약을 맺고 1주일, 15일, 30일 단위로 담당자가 방문하여 교회 건물 내 점검을 하는 식으로 진행한다. 만약 추가 설비 공사 진행 계획이 있으면 관련 업체나 방문 기사와 일정을 조정하여 진행하면 관리에 크게 문제는 없다.

② 기계적 안전 관리

　기계 설비는 가스나 수도 같은 액체가 흘러갈 수 있도록 하는 배관 시설과 소방 시설, 화장실, 정화조, 오수 처리 시설 등이 있다. 기계 설비 분야 중 배관 시설은 막힘과 누수, 동절기 파손 같은 크고 작은 문제가 발생할 가능성이 있기에 특별히 관리해 주는 기관이나 비상시에 복구해 줄 수 있는 업체가 필요하다. 대부분 경력이 있는 설비 업체는 업무 수행 능력이 탁월한 편이라 특정 업체를 선정하여 긴밀하게 출장 지원을 받을 수 있는 유동적인 관계를 형성하는 것이 관리에 많은 도움이 된다.

　예를 들어, 필자의 경우에는 다음과 같은 사례가 있다. 2018년 겨울에 혹독한 추위가 전국을 덮었을 때 오후 10시경에 건물 순찰을 하고 있는데 지하 2층 스프링클러 배관이 추위를 견디지 못하고 동파되어 엄청난 물줄기를 뿜어내 넓은 주차장 바닥을 수영장으로 만들어 놓은 사례가 있었다. 다음 날 일과 시작 전까지 현재 상태로 방치하면 원상 복구하는 데 많은 시간과 인력이 필요하게 될 것 같아서 고민을 거듭하다가 해당 교회 설비 일을 많이 하셨던 관계자에게 늦은 밤에 전화를 걸어서 상황을 설명했다. 가장 가까운 배관 중간 밸브를 전화 통화로 안내받아서 잠그자 스프링클러 방화수가 멈추었다. 그렇게 조치를 취해 놓고 다음 날 아침에 동파 배관을 찾아서 수선했다.

[그림 28-배관 동파 사례 1]

[그림 29-배관 동파 사례 2]

　사진으로 실제 예를 제시해 보았다. 설비 업무를 전문적으로 하지 않는 이상, 외부 기관에 요청해야 하는데 관계가 가까울수록 긴급한 상황에 업무 효율이 높은 편이다. 수년간 교회 관리 업무를 진행하다 보면 전기와 함께 설비 분야의 다양한 AS 경험을 직간접적으로 경험할 수 있다. 물론 이를 신속하고 정확하게 수행하려면 유능한 기능인을 섭외하여 효과적으로 투입하는 것이 중요하다.

　실제로 있었던 사례를 하나 더 제시해 보겠다. 동

절기 때는 연세가 많으신 여성분들이 새벽 예배 참석을 위해서 교회에서 수면을 취하는 경우가 종종 있다. 그럴 때 차가운 바닥을 급히 데우기 위해 온돌용 전기 패널의 온도를 최고 온도인 80℃로 장기간 유지한 탓에 고열을 견디다 못해 고장이 발생한 적이 있다. 전기 패널 조정기 작동 램프가 점등은 되는데 온도는 올라가지 않아서 전문 AS 업체가 있는 것도 아니라 베테랑 설비 업자에게 도움을 요청했다. 업자분은 상태를 보더니, 강화마루 바닥을 분해하여 배선에 고열이 전달된 부분을 찾아서 수리를 완료하였다.

[그림 30-전기 패널 과열로 인한 단선 1]

[그림 31-전기 패널 과열로 인한 단선 2]

이처럼 교회 관리 업무 중에는 설비 분야의 AS도 많다. 이를 효과적으로 진행하기 위해서는 물론 본인이 수행할 수 있으면 좋겠지만, 부득이하게 그럴 여건이 안 된다면 기술이 유능한 설비 전문인을 섭외하여 긴급을 요하는 상황에서 신속하게 일을 진행하면 설비 관리를 효과적으로 할 수 있다.

주차 시비를
지혜롭게 해결하기

**09**

주차 문제에 관련된 이야기를 해 보도록 하겠다.

　필자는 앞서 말한 것처럼 서울 시내 교회에서 근무했다. 출석 교인이 2천 명 정도 되는 중형 교회였기 때문에 경비 근로자가 따로 근무하고 있어서 교회 내 주차 문제에 관여할 일은 없었다. 그러다 이후에 출석 교인이 600명 정도 되는 영등포 소재 교회에서 근무했을 때는 경비 근무자가 없어서 경비 근무도 병행하게 되었다. 이번에 이야기할 교회는 당회(교회 의결 기관)가 매우 진취적이고 의식이 있는 장로들이 많아서 서울 시내 주차 문제와 관련하여 주민들에게 편의를 제공하기 위해서 주일(일요일)만 빼고는 주차장을 무료로 개방하는 교회에 관련된 이야기다.

해당 교회는 6층짜리 건물 지하에 주차장이 있었고 교회 주변에 15면 규모의 야외 주차장 두 곳이 있었다. 그런데 정작 주일에 교회에서 주차장을 사용하려고 하니까 그간 습관적으로 무료로 일주일 내내 주차하던 주민들이 일요일에도 주차해 놓는 경우가 많았다. 전화해도 통화가 안 되고 때로는 장기 주차를 하고 지방에 출장을 가는 경우가 비일비재했다. 그런 탓에 차량 관리를 담당하는 교인들과 주민들 사이에 차량 이동 문제로 시비가 많았다. 주차 차량 봉사자들은 주일에 예배를 드리러 왔다가 막상 주정차 문제로 인해서 마음이 많이 상하고 그러다 보니까 이는 봉사자들이 줄어드는 결과로 나타났다. 결국 주차 문제가 고스란히 관리 집사의 업무로 남게 되었다.

교회에는 바로 앞의 정문 쪽에 외부 주차장이 하나 있었고 약간 동떨어진 곳에 외부 주차장이 또 한 곳이 더 있었다. 그런데 문제는 약간 동떨어진 곳에 있는 주차장이 항상 장기 주차를 해놓거나 무단 주차 후에 연락처를 남겨 놓지 않는 것이었다. 특히 주차장 앞쪽에 있는 건물 주민들은 본인들이 해당 주차장을 늘 사용하니까 자연스럽게 기득권을 유지하는 이상한 현상이 생겼다.

예를 들면, 일요일에 주차하지 못하게 하면 불필요한 말꼬리를 붙잡고 시비가 붙어서 싸움을 일으켰다. 어느 날인가는 교회에서 울타리를 치고 주일에 주차장을 사용하지 못하게 하니까 자물쇠에 이쑤시개를 넣는 사례도 있었다.

또 차량 출입구에 주차하고 연락하면 통화를 받지 않는 상당히 악의적인 방법으로 보복한 사례도 있었다. 별도의 대책이 있을 때까지는 주차장 한 곳을 개방하지 않게 되었는데, 그간 아무런 제약 없이 사용하던 주민들의 입장에서는 불쾌하게 느낀 듯했다. 특히 주차장 바로 앞에 거주하는 주민들은 자신들이 소유한 차고지처럼 자유롭게 사용하다가 이용이 어렵게 되자 불만을 엄청나게 토로했다.

하루는 교회 주변의 길을 걷고 있는데 해당 주차장을 개인 주차장처럼 사용하던 어떤 주민이 엄청나게 욕하면서 필자를 향해서 걸어왔다. 주민은 필자가 누구라는 것을 알고 있었다. 교회를 대표해서 나보고 들으라는 듯이 온갖 욕설을 했는데, 필자를 직접 바라보면서 하는 건 아니었지만, 같이 걸어가면서 다른 방향을 보고 계속 육두문자를 내뱉었다. 물론 주차장을 사용하지 못하게 한 것에 대한 불만 때문이었다.

주차장은 해당 교회의 소유이니 교회가 필요에 의해서 무료로 개방할 수도 있고 그렇지 않을 수도 있는데, 본인들이 사용하지 못하게 되자 그 원망을 교회가 일방적으로 들어야 하는가 하는 의문이 들었다. 그러나 그 주민은 계속 욕설과 함께 큰소리를 이

어갔다.

"교회가 이웃을 위해서 도대체 뭘 했냐?"

"내가 지금까지 이 동네에서 수십 년을 살면서 이 교회에 물 한 모금 얻어먹은 적이 없다. 그리고 아무런 혜택을 받지 못했다. 그래서 내가 처음부터 교회가 들어서는 것을 반대했다."

보통 이런 경우에는 이런 식의 이야기를 대단히 많이 강조한다.

주민은 그렇게 육두문자를 쓰고 필자에게 들으라고 악을 쓰며 차를 타고 갔다.


10년 동안 개인 주차장처럼 사용했던 것에 대한 고마움은 오간 데 없이 지금 당장 내가 못 쓰게 되니까 그것을 교회 관계자에게 온갖 욕설을 퍼붓고 교회를 비난하는 것으로 결론짓는 행태는 이해가 되지 않았다.


이처럼 좋은 의도로 시작한 주차장 개방은 다양한

형태로 일요일에 출차하지 않는 주민들 때문에 어려움이 많았다.

몇 가지 사례를 들어 보겠다.

일요일에 출차를 요청하는 전화나 문자를 하면 주민들의 한결같은 대답은 "몰랐다."였다. 그래서 나름대로 필자가 생각해 본 결과, 좀 귀찮더라도 하루 전에 전화번호를 확인하고 문자를 넣어서 설득력 있게 일을 진행해야겠다고 생각했다. 그래서 토요일이면 대상 주민의 휴대전화로 "내일 일요일 오전 8시까지 이동 주차해 주시면 좋겠습니다. ○○교회."라고 문자를 보냈다.

이렇게 토요일 저녁에 문자를 넣고 다음 날에도 출차하지 않는 차량에 대해서는 다시금 전화했다. 그렇게 하니 문제의 상당 부분이 해소되었는데, 100% 해소되지는 않았다. 그렇게 하루 전에 내일 몇 시까지 출차해야 한다고 문자 기록을 남기고 "몰랐다."라고 발뺌하면 문자를 보여 주고 인식을 시키는 데 1년 6개월 정도 걸렸다.

　조금씩 효과가 있었다. 그래도 한 5% 정도는 일요일에도 출차하지 않는 차들이 있었다. 어떻게 하면 좋을까 고민했다. 일요일 당일에 온종일 출차를 안 하게 되면 교회 입장에서는 하루 15대 정도가 들어가고 나갈 수 있는 자리를 사용하지 못하게 되니까 아쉬운 점들이 있었다. 그렇다고 연락도 안 되고 언제 출차할지도 모르는 차량 앞에서 마냥 기다리고 있을 수는 없었다. 그러다 보면 일요일에 무단 주차했던 차량은 어느새 출차하고 없어지는 상황이 반복되었다. 발각되지 않으면 심리적으로 반복할 수 있다는 생각에 궁리 끝에 '차량 족쇄'를 구비하게 되었다.

[그림 32-차량 족쇄 사용 사례]

일요일 약속한 시각에 출차하지 않는 차량은 차량
바퀴에 족쇄를 채우고 주차비를 청구했다. 사람들도
의식이 있으니까 일정 부분 그런 요구를 하면 자신
의 잘못을 인정하고 순순히 주차비를 지불했다. 금
전적인 목적보다는 약속을 지키자는 의미에서 시행
했고 이후 100%에 가까운 출차율을 보였다.

이때 주의해야 할 점은 사진을 꼭 촬영해 두어야 한다는 점이다. 실제로 이런 사례도 있었다.

일요일인데 교회 주차장에 무단 주차를 한 차주가 있었다. 연락처도 없어서 차량에 족쇄를 걸어 놓고 사무실로 연락하라고 써놓았더니 오후 늦은 시간에 연락이 왔다.

예전처럼 주차장 관리자가 없으면 눈치껏 도주하면 됐겠지만, 차량에 족쇄가 채워져 있고 자신의 차를 가져가야 하니까 어쩔 수 없이 사무실로 연락을 하게 되었다.

그런데 차주가 자기는 연락처를 남겼다는 것이다. 그러고 보니 차량 운전석 앞쪽에 명함이 한 장 꽂혀 있었다. 분명 차량에 연락처가 없어서 족쇄를 채웠는데 차주 명함이 꽂혀 있는 걸 보니까 어이가 없었다.

그러나 차량에 족쇄를 걸 때 파손이나 분쟁의 소지가 있어서 습관적으로 사진을 촬영해 두었기에 찍어둔 사진을 보여 주었더니 그제야 수긍하고 주차비를 냈다.

이런 크고 작은 주차 문제는 예를 들자면 이루 말할 수 없이 많다. 수년 동안 시행착오를 거치면서 필자가 찾아낸 해결 방법은 다음과 같다. 연락처 없이 장기 주차하는 차량에 주중 1만 원, 주일에는 3만 원씩 부과했더니 그게 소문이 나서 그 이후로는 1년에 한두 번 정도 그런 일이 발생하고 대부분 100% 출차하는 결과를 낳았다.

주차 문제는 이웃 주민과 늘 부딪치는 참으로 스트레스가 많은 문제다. '차량 족쇄'라는 해결책으로 필자 나름대로 방법을 찾게 되었고 효과를 보아서 일요일은 주차를 완벽하게 관리하게 되었다. 그래서 하루 전날 주차 출차 안내를 남기고, 일요일 8시까지도 차량을 빼지 않으면 전화했다. 그랬더니 거의 완벽하게 출차가 이루어졌다. 이 제도는 2년 정도 지나고 나니 정착되었다.

어느 날은 그런 부분들이 고마워서 전날 출차 관련된 문자 메시지를 남겼던 번호들로 다시 단체 메시지로 감사하다는 내용을 일요일에 보냈다.

"금일 차량 이동 협조에 감사합니다. 오후 4시 이후에 개방 예정이오니 이용에 참고하시면 좋겠습니다. ○○교회."

감사 문자와 함께 개방 시간 안내 문자를 보냈더니 일요일에 혼잡한 틈을 타서 얼렁뚱땅 주차하는 얌체 차주들이 없어졌다. 교회 측에서는 오후 4시 전까지는 개방하지 않겠다는 약속을 지켰고 또 차주들 입장에서도 실제로 그 문자를 받고 4시 이후에 왔더니 주차장이 개방되어 있어서 수월하게 주차하게 되었다. 그 후로는 주일 교인이 이용하는 시간에 얌체 주차하는 차주들이 사라졌다.

모름지기 가는 말이 고와야 오는 말이 곱다. 비록 문자이기는 하지만 그래도 약속을 잘 지켜 줘서 감사하다는 문자를 보내고 난 이후로는 일요일 8시 전까지 100% 출차하게 되는 좋은 결과가 나타났다.

혹여나 교회 주차 문제와 관련된 부분이 아니더라도 이 글을 읽는 독자 여러분 중에서 주차 문제와 관련해서 여러 가지 골머리를 앓는 분이 있다면 이 방법을 한번 권해드리고 싶다. 대신 족쇄를 채운 상태에서 차주가 모르고 차량을 움직이면 오히려 차량의 파손된 부분을 변상해야 할 소지도 있는 만큼, 운전자가 잘 보이는 곳에 족쇄를 채우는 것이 좋다. 혹은 운전석 전면이라든지 운전석 유리문 부분에 안내문을 부착하는 방법도 좋다. 또한, 혹시 모를 시빗거리를 최소화하기 위해서 사진도 찍어 두면 시비를 줄일 수 있다.

참고로 법률적인 근거를 안내하자면 다음과 같다. 누군가가 주차장 내 사유지를 무단으로 점유하면 다른 사람의 물건을 점유한 자가 그 물건에 대하여 생긴 채권을 가질 때, 점유자는 그 채권을 변제받을 때까지 그 물건을 인도 거절할 수 있는 권리가 있다. 이를 유치권이라고 한다. 법률상의 항목은 다음과 같다.

■ 민법 제321조(유치권의 불가분성)

유치권자는 채권 전부의 변제를 받을 때까지 유치물 전부에 대하여 그 권리를 행사할 수 있다.

또한 이유 없이 차량에 채워진 족쇄를 파손하게 되면 재물손괴죄에 해당하여 처벌 조항이 있다는 점도 알아두면 좋다.

■ 헌법 제366조(족쇄 파손 시)

재물손괴죄는 3년 이하의 징역이나 700만 원 이하의 벌금형에

처한다.

# 10

도리를 벗어난
특별한 사람들

교회 관리 업무를 하다 보면 여러 가지 많은 경험과 다양한 사람들을 만나게 된다. 특별히 이번에는 교회를 출입하는 다양한 형태의 노숙인들과 무속인에 관련된 내용을 소개하고자 한다. 앞으로 교회 관리인으로서 근무할 때 발생할 수도 있는 이야기를 전하고 독자 여러분도 그 대처법을 각자의 입장에서 고민해 보는 시간을 가졌으면 좋겠다.

첫 번째, 배변 테러 사건이다(영등포 소재 ○○교회).

교회에서는 많은 사람에게 다양한 방법으로 전도를 한다. 해당 교회는 매주 수요일 교회 근처 도로변에서 전도 행사를 했는데, 노숙인도 전도를 하게 되었고 전도 대상인 노숙인은 가끔 행사가 있을 때 초

청받아서 교회를 방문하게 되었다.

하루는 노숙인이 교회를 방문하여 나에게 ○○○ 권사의 연락처를 요구했다. 요즘은 워낙 개인 정보 유출에 민감한 시대라 알려줄 수 없다고 답변했더니 막무가내로 알려 달라고 하여 실랑이를 벌이게 되었다. 그런데 정도가 지나쳐서 결국 경찰을 부르게 되었고 일정 시간 이후에 정리가 되었다.

그로부터 며칠 후, 화장실에서 악취가 심하게 나서 냄새나는 칸을 확인해 봤더니 사람의 배설물이 바닥과 벽에 칠해져 있었다. CCTV를 돌려서 상황을 확인해 보니 며칠 전에 교회에서 소란을 피웠던 그 노숙인이 다녀간 것을 확인할 수 있었다. 그렇게 그 사람의 소행이라는 것을 알게 되었다. 이유야 어떻게 되었든 사람과 사람이 만나는 것이 세상이고 다양한 형태의 사람들을 만나게 되는 장소가 교회이다. 교회에서 자기가 원하는 결과를 얻지 못했을 때 양심을 품고 행하는 부분들도 교회 건물 관리 집사가 감당해야 한다는 것에 어려움이 컸다.

어쨌든 그 사건으로 인해 오랫동안 화장실에서 사람의 배설물과 사투를 벌여야 하는 괴로운 시간을 감당해야 했다.


두 번째, 집에서 마시는 식수를 교회에서 퍼가는 사람에 관한 이야기다(영등포 소재 ○○교회).

요즘은 고령화 시대를 맞이해서 연세가 많으신 분들이 생활비에 보탬이 되고자 이른 시간과 늦은 밤에 주거지 주변을 다니면서 금전이 될 만한 고물을 많이 수집한다. 특히 무더운 하절기에 요즘처럼 지구 온난화 현상으로 습하고 무더운 날씨가 지속될 때면 시원한 식수 한 잔은 그 어떤 것과도 비교가 되지 않을 정도로 고마운 존재가 된다.

당시 필자가 근무했던 교회 1층에는 생수를 마실 수 있는 냉온수기가 비치되어 있었다. 교회에 다니는 성도분들은 물론이고 길을 가던 일반인들도 무더운 여름에 많이 이용했다.

그 동네에 버려진 종이를 수거하는 60대 중반의 고물 수거인이 있었다. 그 고물 수거인은 봄부터 꾸준히 하루에 두세 차례씩 파지를 수거하고 교회 앞을 지나다니면서 1층에 마련되어 있는 냉온수기에서 목을 축이곤 했다.

그러던 어느 날, CCTV로 교회 내부를 습관처럼 관찰하고 있는데 고물 수거인이 어느 순간부터 1.8L 짜리 큰 병을 가지고 와서 많은 물을 덜어가는 모습을 보게 되었다. 처음에는 무더위가 심하니까 그런가 보다 했는데 그 횟수가 점점 늘어났다. 지속해서 관찰해 본 결과, 본인 집에서 사용하는 생활 식수를 덜어가는 것으로 보였다.

하루는 고물 수거인을 로비에서 만나게 되어 말을 건넸다.

"지나가다가 물을 드시는 건 괜찮지만, 필요 이상의 물을 덜어 가는 건 경우가 아닌 것 같습니다."

그렇게 안내했더니 그 고물 수거인은 고개를 끄덕이면서 물병을 들고 나갔다. 그러면서 혼잣말처럼 얘기를 중얼거렸는데, 필자보고 들으라고 하는 것 같았다.

"교회에서 베풀고 살아야지, 없는 사람들 이렇게 괄시를 하면 되나…."

그렇게 중얼거리면서 저 멀리 시야에서 사라졌다.

이후로 시간이 흘렀다. 1층을 지나칠 때 보니 냉온수기 주변에 물이 굉장히 많이 흘려져 있었다. 그런 횟수가 잦아져서 다시 CCTV를 확인해 보니 고물 수거인이 물병에 식수를 받아 가며 바닥에 많은 양의 물을 흘리는 것을 보게 되었다.

이후로도 그 고물수거인이 왔다가 가면 걸레로 바

닥을 닦는 일이 잦아졌다. 어느 날, 고물 수거인과 마주쳤는데, 그날도 병에 물을 받아 가면서 바닥에 물이 흥건하게 흘러서 고물 수거인을 불러서 다시금 안내했다.

"물을 드시는 건 상관없지만, 바닥에 이렇게 물을 흘려 놓으면 매번 청소해야 하니 바닥에 물이 흐르지 않도록 했으면 좋겠습니다."

그렇게 안내하자 고물 수거인이 돌아서서 나를 쳐다보며 말했다.

"걸레를 가져와, 내가 닦아 줄게! 다른 데는 다 물을 받는 통이 있는데 너희들은 일부러 그 통을 치웠잖아! 그래 놓고 나보고 왜 뭐라고 하는 거야. 그리고 가끔 지나갈 때 문이 잠겨 있던데, 너희들이 의도적으로 나를 물을 못 마시게 하려고 문을 잠가 놓은 거잖아. 이 나쁜 XX들아."

고물 수거인을 앞에 두고 이 상황을 어떻게 해야

할지 잠시 생각했다. 일단은 데리고 문밖으로 나가려고 했는데 나가지 않고 계속 욕설을 퍼부으며 나쁜 놈이라고 필자를 향해 일갈했다. 그러더니 분이 덜 풀렸는지 멱살을 잡고 욕설을 퍼부어서 같이 멱살을 잡게 되었다. 험악한 분위기가 연출되던 도중 부목사가 오면서 상황이 종료되었다.

잠시 생각해 보았다. 냉온수기 물 버리는 통은 필요에 의해서 치운 것이고, 퇴근 후에 문을 잠근 것을 의도적으로 물을 못 마시게 하려고 했다고 생각한 것 같았다. 어쨌든 그 고물 수거인은 바닥에 물을 흘리지 말라는 필자의 말을 불쾌하게 생각하다가 분이 풀리지 않아서 그날은 작정하고 싸우려고 했던 것 같았다.

무더운 여름에 아침저녁으로 길을 지나다니며 교회 덕분에 시원한 물로 목을 축였다는 고마움보다는 '교회에서 야박하게 물 떠가는 걸로 잔소리하느냐?'

이런 생각에서 교회 관리자가 얘기했던 부분이 거슬러 물을 떠갈 때마다 일부러 바닥에 물을 흥건하게 흘려 놓고 싸움의 불씨를 만들어서 난동을 부리게 되었고 자신이 가지고 있었던 불쾌한 감정을 화풀이 한 사례였다.

참고로 도움이 되는 방법을 알려 드리자면 관계자의 허락 없이 물건이나 물질이 반출되는 행위는 절도죄(형법 제329조: 6년 이하 징역, 1,000만 원 이하 벌금)가 성립되는 행위이다. 또한, 외부인이 교회 건물에 출입 시 관리인이 나가 줄 것을 요청했을 때 응하지 않으면 퇴거불응죄(형법 제319조 2항: 3년 이하 징역, 500만 원 이하 벌금), 업무방해죄(형법 제314조: 5년 이하 징역, 1,500만 원 이하 벌금)가 적용된다. 이처럼 일반적인 생각보다는 엄하게 적용된 대법원 판례들이 많아서 형사법으로 무겁게 적용된다는 것을 알 수 있다.

이후로도 그 고물 수거인은 한 차례 더 교회에 방

문하여 물을 받아 가려 했다. 이를 제지하는 과정이
생각보다 격렬하게 진행되어 경찰까지 출동했다. 실
제 절도, 퇴거불응죄, 업무 방해 관계 법령을 적용하
여 입건하려 하자 비로소 건물 밖으로 내보낼 수 있
었다.

이런 법령들은 교회처럼 다중 인원이 드나드는 종
교 시설에서 외부인의 불필요한 행동들을 자제시킬
수 있는 대법원 판례들로 기억해 두면 유용하게 쓰
일 것이다.

그러나 결과적으로는 관리자 입장에서 그 고물 수
거인의 출입을 금지하게 되었으므로 고물 수거인은
시원한 물을 마실 수 없게 되었다.

세 번째, 불순한 목적으로 접근한 무속인 사건이
다(강북구 ○○교회).
종교를 바꾸는 데는 여러 가지로 어려운 점이 많

다. 그중에서도 신내림을 받은 무속인이 기독교로 개종한다는 것 또한 난해한 문제일 것이다. 어느 날, 한 여성 무속인이 교회를 다니는 교인을 통해서 예수 그리스도를 영접하고 싶다는 말을 전하면서 목사 면담을 요청한 적이 있다.

교회는 늘 많은 사람을 전도하기 위해 노력한다. 특히나 무속인 같은 경우는 상징적인 의미도 있어서 근무하던 교회에서는 큰 화젯거리가 되었다. 담임목 사 면담을 하기 전에 수석부목사와 먼저 인사를 나누고 교회에 관련된 여러 사항을 안내받는 시간이 있었다. 무속인은 자신이 섬겼던 '동자신'을 멀리하고 예수 그리스도를 영접하고 싶다는 말을 수석부목사에게 전했고, 이를 전해 들은 수석부목사는 매우 기뻐하면서 혹시라도 본인이 도와드릴 부분이 있다면 말씀하시라고 안내했다. 무속인은 신을 버리면 수입이 줄어들기 때문에 경제적인 어려움을 호소했고 이 말을 들은 수석부목사는 자비를 털어서 약간의 생활비를 건네주었다.

 그런데 문제는 여기에서 시작되었다. 그 여성 무속인은 교회를 다니기 위해서는 정리할 시간이 필요하다며 교회 출석을 차일피일 미루었고 수석부목사를 만나서 금전적인 도움을 자주 요청했다. 최초로 그 무속인을 소개한 성도는 이것을 보다 못해 의심하게 되었고 무속인을 추궁했다. 그리고 그 결과로 다음과 같은 이야기를 들었다.

 해당 무속인은 신이 떠나가서 점을 보러 온 손님들에게 말해준 점괘가 맞지 않게 되었다. 그러다 손님이 줄어들면서 아주 가끔 오는 손님들에게 여러 가지 무리한 부적 판매나 비싼 굿판을 벌여서 평판까지 떨어지게 되었다. 결과가 좋지 않자 심지어 폭행을 당하는 지경까지 이르게 되었다. 그러다 보니 경제적으로 어려움이 생기게 되었고, 그 생활고를 탈피하고자 교회 전도 대상임을 자처하면서 교회 관계자들에게 접근하여 수석부목사에게 금전적으로 이득을 취하는 일을 벌이게 된 것이다. 필자는 이러한 내용을 중간에서 전해 듣고 무속인에게 더 이상 교회에 접근하지 못하도록 안내했다. 그리고 부목사에게 이러한 내용을 전하고 담임목사에게 만남을 주선하지 말도록 안내했다.

다행히 담임목사님에게까지 접근하지 않는 선에서 짧은 해프닝으로 마무리되었다. 그러나 만약 이것이 좀 더 불순한 의도를 가지고 시작된 사건이라 좀 더 깊숙하게 개입하게 되었다면 교회 측이나 무속인에게나 감당하기 어려운 시간이 될 수도 있었다.


## 결론

사회에서 등한시되는 사람들도 접근하기 쉬운 곳이 교회일지도 모른다. 그런 분 중에서 한 영혼이라도 구원해서 신앙생활을 할 수 있게 노력하는 것이 기독교인의 교리이기도 하다. 그러다 보면 불순한 의도로 교회에 접근하는 사람도 있고, 또 상황이 서로가 여의치 않게 되면 여러 방법으로 다양한 불만을 쏟아낼 수도 있다. 처음과 두 번째에 나열했던 사례에서처럼 사회에서 소외당한 사람들에게는 마음의 유리 벽 같은 것이 있어서 본인이 생각했던 것과 다른 부분이 있다면 교회 일선에서 근무하는 관리자에게 불만을 많이 토로한다. 또한, 세 번째 사례처럼 특수한 직업에 종사하거나 불순한 의도를 가지고 교회에 접근했을 때도 가장 먼저 마주하게 되는 사람이 교회 관리직이다. 즉, 교회 관리직은 그런 불만들을 그만큼 직간접적으로 가장 먼저 겪게 된다. 그럴 때 본인이 교회 관리직이라면 마음을 좀 더 굳건하게 하는 것이 업무에 큰 도움이 된다.

## 글을 마치며

지금도 아직 한창이지만, 서울 성북동 소재 국민대학교에서 무작위로 청년 실업에 관해 인터뷰한 것을 본 적이 있었다. 그중 취재진의 질문에 대한 한 청년의 답변이 아주 오랫동안 필자의 기억에 남았다.

"청년 실업의 원인이 무엇인가요?"

청년은 곰곰이 생각해 보더니, 다음과 같이 답했다.

"증기 기관으로 대변되는 제1차 산업혁명과 내연 기관으로 상징되는 제2차 산업혁명 때는 변화 기간이 길어서 준비할 시간이 있었지만, 초고속 IT 시대에는 변화의 속도가 너무 빨라 청년 실업률이 높은 것 같습니다."

변화가 너무 빠른 탓에 미처 준비하지 못해서 청년 실업률이 높다는 타당성이 있는 답변에 필자의 고개가 끄덕여졌다.

100명의 근로자가 근무하는 제조업체가 있다고 예를 들어 보자. 어느 날 컴퓨터 기반의 공정으로 생산 라인이 바뀌고 정밀 자동화되면서 라인을 관리하는 엔지니어 한 사람만 남게 되고 99명은 퇴사해야 하는 상황이 발생했다.

이처럼 시간이 지날수록 임대료와 인건비는 오르기만 하고 내려가지는 않는다. IT 기반의 기술자들은 끊임없이 사업주가 만족할 만한 기술 개발을 위해 노력한다. 이를 충족시켰을 때 미처 준비를 못한 근로 인력들은 실직자가 되어 거리로 밀려 나올 수밖에 없다.

하지만 현대 첨단 기술로도 대체가 안 되는 여러

분야가 있다. 그중 하나가 교회 관리직이다.

관계의 차이가 있을 수는 있겠지만, 교회 관리직은 대개 근무 기간이 길어질수록 교회 성도들의 만족도가 높아서 정년퇴직 후에도 건강에 문제만 없다면 아주 오랫동안 근무하는 직원도 많다. 실제로도 필자 주변에도 그런 사람이 있다.

마지막으로, 예전 어떤 교회 면접장에서 여러 명이 면접을 보는데 면접관들이 한 지원자에게 끊임없이 관심을 두고 질문한 적이 있었다. 나중에 알게 되었지만, 그분은 전직 삼성 출신의 엔지니어라는 이력을 갖고 있었다. 그분에게 면접관들의 관심이 이어졌고 필자도 신기해서 지원자와 대화를 나눠 보았는데, 왜 교회 관리직에 지원했냐는 질문에 그분의 대답은 너무도 명쾌했다.


"집도 주고 애들 학교도 다 시켜 주는데 힘들게 직장 생활할 필요가 있나요! 저는 교회 일이 훨씬 마음 편하고 좋은데요."

이 책을 읽는 여러분도 정년이 보장되고 주택 제공과 자녀 학자금 지원이라는 항목에 매력을 느낀다면 교회 관리직을 추천하고 싶다. 그렇게 이 직업을 준비하여 취업에 성공했을 때 비로소 세상에 알려지지 않는 직업을 소개한 필자의 목적이 이루어진 것으로 알고 기쁘게 만족하겠다.